Pouwedeou Karoue

APPARENCES

Pouwedeou Karoue

APPARENCES

Éditions Muse

Imprint

Cover image: www.ingimage.com

Publisher:
Éditions Muse
is a trademark of
Dodo Books Indian Ocean Ltd. and OmniScriptum S.R.L publishing group

120 High Road, East Finchley, London, N2 9ED, United Kingdom
Str. Armeneasca 28/1, office 1, Chisinau MD-2012, Republic of Moldova, Europe
Printed at: see last page
ISBN: 978-620-4-96379-2

APPARENCES…………………

-Bonjour Chérie.

-Salut mon amour

-Déjà debout ?

-Mais oui chéri !

Ils se regardèrent et rirent à gorges déployées. C'était leur anniversaire de mariage. Elena et Joe vivaient ensemble depuis 4ans et leur amour était resté intact comme au premier jour. Ils ont un petit garçon de 3ans, Lucas. Ils vivent une vie modeste et heureuse dans un appartement coquet appartenant à la société GOLD où travaille Joe depuis son arrivée en ville. Il est le chauffeur du Directeur Général de cette société de fret on ne peut plus prospère. Le DG Mr Albert COSNING est un homme d'affaire de renom, un philanthrope et le moins qu'on puisse dire, c'est qu'il est l'ange gardien de cette famille. Plusieurs familles se sont tournées vers cet homme généreux pour obtenir des aides financières pour des traitements médicaux trop couteux. Ses employées sont les mieux traités dans la sous-région et même le petit personnel n'a pas de raison de se plaindre de son salaire. Un jour, passant dans la rue il a tout à coup demandé à son chauffeur de s'arrêter. Il est descendu donner une liasse de billets aux sans abris. Personne ne sait comment la presse a reçu cette information, mais il faut dire que cette bonne publicité a duré des semaines d'affilé.

Tous les employés n'hésitent pas à demander de l'aide et quelle que soit la situation, une solution est vite trouvée. Le moins qu'on puisse dire c'est que Mr Albert est toujours de bon conseil.

En effet Joe est arrivé dans cette ville pour chercher un emploie, ce qu'il a pu trouver rapidement est une place de chauffeur c'est justement une folle passion qu'il nourrit pour les voitures et les conditions de travail dans cette entreprise sont on ne peut plus satisfaisantes. Son premier jour de travail a été très déterminant pour la suite. Ce jour là, il est arrivé avant tous les autres employés, il voulait faire bonne impression et prendre le temps de faire tomber son stress avant de conduire cet homme si puissant et admirable. Mr Albert est un modèle pour tous les rêveurs et surtout pour les battants ; il est parti de presque rien et a bâti son empire qui brasse un chiffre d'affaire colossal. Il a repris l'entreprise infructueuse et surtout très endettée de son père et en a érigé un empire.

Joe est venu prendre ce poste de chauffeur grâce à son ancien employeur ami de longue date de Mr Albert. L'ancien employeur de Joe l'a recommandé à son ami car il a pris a retraite et partait vivre sur un autre continent et vu l'excellent travail que Joe a fait pour lui, il a tenu à le récompenser en le confiant à son ami. Son ancien patron voulait que son ami lui trouve un bon poste car il a pris le temps de faire des études mais son ancien patron n'a pas eu le temps d'exploiter son investissement .Malgré sa grande expérience et ses nouvelles compétences, Joe était terrifié à l'idée de faire mauvaise impression à son nouveau patron. Une des femmes de ménage qui travaillent pour la société n'a pas manqué de constater le stress de ce dernier .Elle s'est donc approchée de lui pour le rassurer.

-Salut !

- Salut !

-Tu es le nouveau chauffeur n'est ce pas ?

- Comment le savez-vous ?

-Ici tout est un secret de polichinelle ! Je sais également que tu as travaillé avec le Grand William répondit- elle avec un grand sourire.

-Wow ! Vous avez même mon cv, je suppose ! Rassurez moi ; vous n'êtes pas de la CIA par hasard : fit-il sur un ton ironique et tous les deux se mirent à rire aux éclats.

-Je m'appelle Elena ; je suis femme de ménage ici depuis 6mois ; et pour ce qui concerne ton cv, la secrétaire du boss a été disons… très discrète pendant notre déjeuner hier .C'est ma seule amie ici. Elle est un peu comme une marraine pour moi. C'est grâce à elle que j'ai pu obtenir cet emploi.

-Moi je suis Joe; et tu connais le reste dit t-il en souriant. On discute plus tard le boss arrive dit –il en courant vers Mr Albert. Il lui adressa un bonjour très poli et alla lui ouvrir la portière de la voiture puis exerça sa fonction avec aisance.

Le premier jour s'est bien achevé et en plus il s'est fait une amie qui est presque magicienne car elle a fait disparaitre son stress en deux temps trois mouvements ; C'est ainsi que la courtoisie se transforma en amitié puis en amour entre Elena et Joe. C'était très rapide et ils n'ont pas mis du temps à vivre ensemble. Leur bonheur était palpable .Le moins qu'on puisse dire, c'est que ce couple avait la belle vie ; Modeste mais belle ! Le seul problème aujourd'hui c'est que leur bienfaiteur soit mêlé à une sale affaire de drogue.

En effet Mr Albert vient d'être interpellé par l'unité spéciale de la police nationale et Interpol. Ce lundi matin vers 9heures et quart, deux agents sont arrivés à l'accueil et ont demandé à rencontrer le DG .Ce dernier était en réunion et ils ont décidé de l'attendre. La secrétaire a Quand même informé son patron de cette visite inattendue. Mr Albert a dû accélérer sa réunion pour ne pas trop faire attendre des policiers. Il les a reçu dans son bureau tout de suit après sa réunion .Quand la porte s'est ouverte et que les deux agents sont apparu, Mr Albert a comme toujours fait preuve d'une courtoisie intimidante. Cet homme a un charisme tellement fort que la fougue et la rage qui animaient les deux officiers ont été ralentis en laissent place à l'admiration. Ils étaient charmés par cet homme au point de douter des preuves qui les ont conduit dans cette entreprise .Mais les ordres sont les ordres comme on le dit, alors il faillait ramener ce grand homme au poste pour une déposition car depuis quelques temps, une enquête est ouverte au sujet d'un grand réseau de trafic de stupéfiants. Un indique de la police a cité le nom de Mr Albert comme l'un des chefs du réseau. Ainsi, la police a cherché des preuves relatives au blanchiment d'argent. C'est avec une volonté incroyable que le DG s'est rendu au poste pour faire une déposition sur les faits qui lui sont reprochés.

En effet, l'affaire a pris une tournure explosive suite au décès de trois adolescents issus de deux lycées de la région suite à une ingestion mortelle de stupéfiants vendus sous forme de bonbons aux élèves. Ces confiseries ont des effets dévastateurs sur la santé des consommateurs et pris en grande quantité sont mortelles. Les trois victimes n'étaient pas toxicomanes. La supercherie de l'aspect de confiserie est la nouvelle tactique pour embobiner les jeunes en leur faisant croire que ces drogues sont inoffensives et ont juste pour effet de faire rigoler et décupler les facultés intellectuelles des apprenants sans aucun effet secondaire. C'est ainsi que la mauvaise compagnie d'autres élèves a pu conduire les victimes dans l'au-delà sans aucune opportunité de seconde chance dans la vie. Cette affaire a secoué tant de familles, indigné et révolté toute la population. Tous les moyens ont été mis en place pour tirer cette affaire au clair mais seuls les petits dealers ont été pris. Les vrais bandits couraient toujours et faisaient forcément encore d'autres victimes tellement leur business était bien ficelé. La police et la justice et surtout l'Etat, ont tout mis en œuvre pour mener à bien l'enquête. C'est ainsi que la police a fait infiltrer ses éléments dans les banlieues et milieux indiqués par les dealeurs comme dans les films.

C'est l'inspecteur Patrice était en charge de l'affaire. Pour ce dernier, pas de place pour la courtoisie quand il s'agit de travail et surtout lorsque le sujet est aussi sensible que la drogue, le blanchiment d'argent et tout ce que cela implique. Ce matin là, il a reçu Mr Albert pour l'interroger et prendre sa déposition. Il l'a reçu tout de suite lorsqu'il est arrivé au poste en compagnie des deux agents .Il ont traversé le hall sous les regards indiscrets des autres agents. Certains regards étaient inquisiteurs, d'autres admiratifs à l'allure de cet homme d'affaire qui n'était plus à présenter

-Bonjour Mr prenez donc place. Fit l'inspecteur en indiquant le siège en face de lui.

- Bonjour Mr l'officier répondit-il en s'asseyant ; toujours avec son allure majestueuse et une aisance troublante.

Cela n'impressionne pas pour autant cet officier passionné et habitué à ce genre d'attitude ; cette assurance et ce calme olympien qui pourraient laisser perplexe tout novice.

-Nous n'allons pas vous retenir très longtemps. En effet, vous savez surement que notre unité lutte contre les trafics de tous genre .Nous avons reçu des informations selon lesquelles votre société blanchirait de l'argent .Si nous vous avons convoque aujourd'hui, c'est pour vous écouter et avoir l'autorisation d'envoyer un expert faire des vérifications de routine dans les comptes de votre société. Cela permettra de vous blanchir au cas où tout sera clair.

Ce discours n'a nullement perturbé Mr Albert .Au contraire il était si calme attentif et apparemment admiratif des propos de l'officier qui est resté imperturbable jusqu'au bout.

-Je vous comprends parfaitement et je voudrais éviter que des accusations pareilles ternissent l'image de la société que j'ai eu tant de mal à élever à ce niveau. Votre initiative est la bienvenue et je serai réellement heureux de collaborer avec vous pour tirer au clair cette affaire. J'ai juste une doléance à poser.

-je vous écoute.

-Bah vous savez que je suis une personne publique et je n'aimerais pas que de simples rumeurs portent atteinte à mon image et je ne veux pas de mauvaise publicité. Tout ce que je vous demande c'est de la discrétion.

-Vous pouvez y compter. Nous sommes formés pour cela, ne vous inquiétez surtout pas.

-On ne peut pas dire que c'était le cas aujourd'hui. Tout le personnel a commencé à s'inquiéter du fait que je sois parti avec des policiers. Il va falloir les rassurer et éviter l'ingérence de la presse qui aime exagérer sans preuve bref, j'espère que vous allez trouver une formule plus discrète pour notre collaboration .puisque nous n'avons rien à cacher, vous avez l'autorisation de mener votre enquête dès que vous le voulez.

-Merci pour votre compréhension. Nous vous tiendrons au courant très prochainement. Je ne vous retiens pas plus .passez une excellente journée.

-A bientôt Mr l'officier.

Malheureusement pour Albert, la nouvelle s'est rependue comme une trainée de poudre et la presse a fait de gros titres comme *le philanthrope voyou *la philanthropie, meilleur masque pour filous * ;» entourloupes des philanthropes » entre autres.

Il est arrivé au bureau comme d'habitude courtois en distribuant des sourires et bonjour a ses collaborateurs. Mais il était intrigué par les regards bizarres et timides des employés sans comprendre ce qui se passait.

Il n'a pas mis du temps à le comprendre une fois dans son bureau. En effet, dans sa routine, il prend le petit déjeuner et quitte la maison sans lire les informations car selon lui, la maison n'est pas un endroit pour stresser alors que pratiquement toutes les informations diffusées par la presse, stressent souvent .Aujourd'hui il aurait mieux fait de lire les informations avant de quitter son domicile .Une fois dans son bureau son téléphone s'est mis à sonner et c'était sa fille.

-Allo !

-Allo !

- Bonjour papa.

-Bonjour ma princesse. Quelle belle surprise !! J'espère que tout va bien !

-Mais papa, tu as l'air si détendu !

-Mais pourquoi devrais-je être inquiet ?je suis juste heureux que tu m'appelles !

-Alors tu n'as pas lu les informations ?

-C'est grave papa. La presse te dépeint comme un déclinquent sans cœur ! Dit-elle affolée.

- De quoi parles-tu ?

-Tu fais les gros titres.

-Je te rappelle. dit-il en raccrochant.

Il a tout de suite allumé son ordinateur, ce qui l'a mis en colère. Il a tout de suite compris l'attitude de ses employés quand il est arrivé au bureau. Il a tout de suite appelé l'officier de police qui lui avait assuré une discrétion autour de cette affaire. Ce dernier lui a aussi affirmé être surpris par la presse et lui a conseillé de questionner ses employés seuls témoins de la présence de policiers dans l'entreprise et de sa convocation.

Albert a tout de suite appelé sa secrétaire pour savoir comment la presse a appris la visite de la brigade des stupéfiants.

- Franchement Monsieur c'est une surprise pour nous tous .je vous promet que je n'ai rien à voir avec cela.

-Je vous fais confiance car je sais a quel point vous êtes discrète depuis les années que vous êtes ici. Faites donc venir le chauffeur dans mon bureau après tout, il est toujours à mes cotes. Ensuite vous ferez venir l'un après l'autre tous les employés présents le jour où les policiers sont venus.

-Bien Mr ; dit-en sortant.

Elle s'est discrètement rendue dans le hall où le chauffeur passe son temps libre quand il n'a pas une course à effectuer pour le patron.

-Georges, Mr te demande.

-Je prépare la voiture ?

-Non dans son bureau

-ok

Il se précipita au bureau du DG pour en ressortir 5minutes plus tard la mine défaite. On dirait bien que le patron n'a pas été très aimable avec lui. George n'a certainement pas aimé que son ange gardien doute de lui. En effet, personne ne peut nier que Georges est sympathique dévoue et très poli .Il avait une discipline presque militaire ; il est à la fois instruit et bien éduqué c'est à croire qu'il est trop bien pour le poste qu'il occupe. La vérité est qu'en fait il est très bien pris en charge par son boss qu'il est envié par certains cadres. Il voyage toujours avec le patron, et à chaque voyage il encaisse une belle prime. Sa vie est bien rangée. On lui demande souvent pourquoi étant si proche du boss il ne profite pas pour solliciter un vrai poste au sein de l'entreprise .Sa réponse reste toujours la même « j'aime trop les engins pour m'enfermer dans un bureau toute la journée ».

Après Joe, sont passés dans le bureau du boss, plein de cadres de la société. Mais aucune réponse concluante. Cela a mis le patron, cet homme si posé et prévenant a montré une facette de lui que personne ne lui connaissait. Tous ceux qui sont entrés dans son bureau en sont sortis avec un e mine défaite ou même en rage car le boss n'a été tendre avec personne. Il a passé des heures au téléphone en convainquant ses partenaires d'affaire-qui ne cessaient d'appeler- de son innocence. Il a quitté le bureau très furieux pour se rendre à son domicile. Il n'a même pas demandé à la secrétaire de dire au chauffeur de préparer la voiture. Il est tout simplement sorti de son bureau en donnant pour consigne au secrétariat de dire aux personnes qui essaieraient de le joindre qu'il a dû s'absenter et de lui laisser un message si nécessaire mais en aucun cas on ne devait le déranger car il rentrait à la maison se reposer. Il est sorti en catastrophe et heureusement que le chauffeur l'a aperçu d hall et a couru positionner la voiture avant sa sortie. Il y est entré et la voiture s'est éloignée. Quelques heures plus tard, une jeune femme raffinée et séduisante se présentait au bureau pour demander à voir le directeur. La secrétaire l'a tout de suite reconnue ; c'était sa fille.

-Bienvenu Mademoiselle Lynda. Dit –elle avec un visage illumine et rempli d'admiration. Eh oui ! C'était une très belle femme qui ne pouvait que susciter de l'admiration. Elle représentait l'élégance et la beauté au sens propre.

-Bonjour Maria. Papa est – il au bureau ? J'ai essayé de le joindre en vain ! Son téléphone est éteint.

-Il est rentré plus tôt aujourd'hui car il a eu une dure journée.
- Alors j'y vais-je suis venue tout droit de l'aéroport.

-Au revoir Mademoiselle.

Elle est repartie presqu'en courant. Une fois à la maison, elle est allée tout droit à la chambre de son père. Il était très heureux d'entendre sa fille l' peller depuis l'escalier et il est sorti à sa rencontre .Leur étreinte était si longue qu'on aurait dit qu'il était vraiment coupable et craignait sa fin .Mais comment peut-on imaginer que cet homme si parfait puisse être mêlé à une si sordide affaire si ce n'est par la diffamation ?

Le père et la fille se sont entretenus longuement et la jeun femme est retournée le lendemain matin dans sa ville de résidence. Elle avait improvisé ce voyage la veille pour soutenir son père face à ce scandale et n'a pas eu le temps de dire au revoir à sa famille. Il faille donc qu'elle rente rassurer ses enfants.

De son côté, Joe a mal vécu le fait que son patron doute de lui au point d l'accuser d'avoir vendu cette information à la presse. Il s'en est plaint auprès de sa femme.

-Tu peux t'imaginer que le boss a même pensé que je pourrais avoir donné l'information aux journalistes ? Je suis sous le choc .Malgré toutes ces années à son service, je suis déçu qu'il ne soit pas convaincu de mon dévouement.

-Allez chéri ne t'en fais pas ! Tu devrais le comprendre il est sur les nerfs. Comment voulais tu qu'il réagisse après cette si grave accusation ?

-Mais il peut douter de tous mais pas de moi.

-N'oublie pas que cet homme t'aime beaucoup et que c'est grâce à lui qui nous vivons très bien et à l'abri du besoin. Comprend juste que sa situation actuelle doit lui être très inconfortable chéri !

-Tu as sans doute raison ma belle. Cet homme a toujours été bon avec nous. Considérons cet incident comme une erreur de jugement. Mais la prochaine fois qu'il me posera ce genre de question, je prendrai mon courage à deux mains pour lui dire que je ne suis pas d'accord qu'il doute ainsi de moi.

-N'oublie surtout pas que c'est ton humilité qui te fait bénéficier de ses multiples faveurs. Dit-elle en faisant un clin d'œil espiègle.

-Merci de me le rappeler chérie .Il s'approcha pour lui donner un tendre baiser sur le front et s'éloigna en disant « tu es un ange ».

-Bien sûre, ton ange fit-elle en faisant un large sourire à celui qui la rendait si heureuse ces dernières années. Elle rendait toutes ses collègues jalouses en racontant les petites anecdotes de son couple. Tout le monde au bureau - enfin, e petit personnel- les appelait Roméo et Juliette.

Ils ont une relation très fusionnelle et la complicité dont ils font preuve émerveille tous ceux qui les connaissent. Cette affaire qui n'est jusqu'ici que spéculation, secoue un peu ce couple paisible. Cette soirée, après le dîner, Joe est allé se coucher plus tôt. En allant le rejoindre Elena a cru l'entendre parler dans la chambre mais quand elle est entrée, il dormait poings fermés. Elle a tout de suite compris que son tendre époux parlait dans son sommeil. C'est à croire qu'il a vraiment été touché par cette affaire mais il faut croire qu'il craint plus pour le boss et pour son avenir sans cet emploi plus que toute autre chose. Quoi qu'il en soit, tout irait bien pour eux pensa-t-elle avant de fermer les yeux, tendrement blottie contre son chéri.

Le lendemain matin comme à son habitude, Georges s'est rendu de très bonne heure au domicile Mr Albert pour le conduire. La courtoisie et la bonne humeur n'étaient pas au rendez-vous. Ils sont arrivés au bureau à l'heure habituelle .Le boss paraissait abattu mais faisait l'effort de paraitre serein. La journée au bureau a commencé sans aucun incident. Vers 10 heures, le commandant Patrice s'est rendu aux bureaux de la société GOLD. Lorsque la secrétaire l'a annoncé, le DG a tout de suite dit de le laisser entrer. Cette fois-ci, son accueil est froid.

-Ah commandant Patrice !

-Bonjour Mr Albert.

-Prenez place s'il vous plait.

-Merci .Dit-il en s'asseyant.

-Que puis-je pour vous ?

-Je viens vous confirmer de vive voix que nous n'en sommes pour rien concernant le scandale dans la presse.

-Oui je vous ai cru lorsque je vous ai eu au téléphone. Si vous aviez des preuves contre moi, vous m'auriez arrêté au lieu de divulguer l'information par la presse, chose qui n'aurait aucun sens !

-Bien ! Je tiens également à vous dire que nous tenons vraiment à la discrétion dans ce genre d'affaire. C'est justement pour cela que votre employé qui est notre agent est en train de faire un travail très discret en ce moment .Si vous n'avez pas remarqué sa présence c'est parce qu'il fait un bon travail. Il a été formé pour cela.

-Vous voulez dire que vous avez un espion dans ma société ?

-Pas vraiment un espion mais juste un enquêteur. N'oubliez pas que vous nous avez autorisés à vérifier que vous êtes innocent ! Nos conclusions vous blanchiront de toute accusation.

-Commandant, vous êtes sérieux ? Dit-t-il d'un air horrifié. Vous en parlez comme si c'était normal. Je suis sensé être au courant de tout ce qui se passe dans mon entreprise voyons !

-C'est aussi sensé vous disculper puisque vous n'avez rien à cacher et que la presse vous accule déjà ! Arrêtez de vous offusquez et laissez – nous agir pour le meilleur.

-Alors dites moi qui donc est cet agent.

-Je suis désolé mais il m'est possible d'accéder à votre demande car son identité doit rester secrète pour sa sécurité du moins jusqu'à la fin de sa mission.

-Mais c'est pas possible ! dit-il d'un air indigné. Il se dit alors intérieurement qu'il va coute que coute découvrir ce traitre qui se fait passer pour employé « il va me sentir cet imbécile ».

-Je vais prendre congé de vous. Passez une excellente journée.

-Au revoir inspecteur. Il lui a lancé cette salutation sans le regarder.

Un minute après le départ de l'inspecteur, Mr Albert a appelé sa secrétaire pour lui dire ce qu'il venait d'apprendre. Elle a promis de l'aider à découvrir celui qui est derrière cette identité.

-Je pense que nous devons commencer par ceux qui ont été engagés récemment seuls eux ont pu être assez ingrats pour trahir cette entreprise. Ceux qui travaillent ici depuis des années savent qui vous êtes et que jamais vous ne vous lanceriez dans des affaires douteuses.

-Merci Maria pour ton soutien. Tu as raison de penser qu'il peut s'agir uniquement de nouveaux employés mais il ne faut négliger aucune piste.

-Vous avez tout à fait raison, la nature humaine est complexe.

- Tu n'as rien remarqué de bizarre dernièrement d'un de tes collègues ?

-Non, mais j'ai toujours trouvé Michel très sûr de lui. Je vais garder un œil sur lui.

-C'est bien. Il faut également observer tous ceux qui ont accès aux bureaux surtout ceux qui sont engagés ces dix dernières années.

-Bien Mr. Je m'y mets tout de suite.

-Dis à mon chauffeur de venir.

-D'accord Mr.

Elle est allée l'appeler dans le hall où il attend très souvent ses missions. Surpris, il demande à Maria s'il y a encore un problème.

-Non je ne crois pas.

-Ouf. J'ai eu peur.

-Aurais-tu quelque chose à cacher mon grand ? Fit –elle avec ironie en baissant se lunettes pour le regarder d'un air suspicieux.

-Très drôle Maria, très drôle. En souriant amèrement est parti voir son boss.

Il est sorti du bureau quelques instants plus tard avec une mine pas du tout rassurante. Maria n'a pas voulu le regarder dans les yeux car elle savait ce qui venait de se passer. « Le pauvre, il paye les frais de sa proximité avec le boss. Quand –même pourquoi peut-il s'imaginer un seul instant que ce garçon si aimable et de surcroit romantique puisse être un agent ? Mr nage en plein délire depuis le début de cette affaire. » Songea t- elle.

Mr Albert appela sa fille pour lui dire qu'un espion était dans son entreprise pour chercher les preuves contre lui et que ce dernier était au service se la brigade. Elle lui a promis de trouver ce traitre. Elle a appelé un détective pour lui confier cette mission. Quelques jours plus tard, le détective a donné des informations bizarres qui réduisaient à 4 les suspects. Il a fait suivre les employés dont Maria avait dressé la liste. En effet, en plus de cette liste, il a suivi Maria et à raison car elle fait partie du top 4. En plus d'elle le comportement suspect de 3 autres employés a retenu l'attention du détective et de ses collaborateurs :

1- Le vigile Thomas qui chaque fois qu'il est de service, reçoit de longs appels et disparait souvent plus dune demi heure avant de revenir et le plus bizarre c'est qu'il vit dans un appartement luxueux qui ne correspond pas aux ressources d'un agent de sécurité.
2- Maria le fidèle bras droit du directeur a reçu un montant inhabituel sur son compte bancaire.
3- Joe ce jeune homme que le boss aimait tant pour son humilité se révèle avoir une personnalité totalement à l'opposé de ce qu'il montre aux personnes qui l'entourent habituellement c'est-à-dire sa famille et ses collègues et patrons. Il est carrément arrogant et impoli
4- Elena l'épouse de Joe. C'est une femme très dynamique mais elle met beaucoup de temps à nettoyer le bureau du boss. Lorsque son époux est hors de leur domicile, elle passe des appels longs. Il y a deux jours un homme élégant l'a appelée par un autre prénom dans la rue mais elle l'a littéralement ignoré. Elle est aussi un peu trop élégante pour une simple expatriée issue d'une famille très modeste et femme de ménage.

Il n'a pas fallu beaucoup de temps pour que Lynda appelle son père pour lui faire part de ses découvertes. Le lendemain matin, Mr Albert est arrivé au bureau avec une mine très défaite. Il a à peine regardé Maria en lui lançant un bonjour cérémonial. Son ami de longue date Dr Ale l'attendait avec impatience.

-Bonjour Alex .Tu es déjà arrivé !

-Bien sûre ! Je me suis inquiété

-Viens ,allons discuter dans mon bureau .

En effet, Dr Alex est un psychologue de grand renom. Il fait parti du même cercle d'amis qu'Albert. Ils ont étudié ensemble au lycée et ils étaient de très bons élèves. Pour cela, leur réussite sociale n'étonnait personne. En fait, le père d'Albert a toujours dit que son fils réussirait là où il échouait avec son entreprise. Il n'avait pas tort car juste quelques années après sa reprise des rennes de cette société n'a cessé de la faire grandir de manière vertigineuse. Il était hors de question de laisser des individus mal intentionnés gâcher ce qu'il a passé sa vie au prix de multiples sacrifices : des heures de travail et d'abandon de la famille au profit d'interminables réunions.

Une fois au bureau, Alex commence par dire :

-Mais tu m'inquiètes Albert ! Tu disais que c'est urgent.

-Oui oui .Dit-il d'un air anxieux. Je te disais que cela vit un rapport avec le scandale paru récemment dans la presse.

- Dis m'en plus mon cher ami.

-D'abord je te remercie de croire en moi et d'avoir répondu à mon invitation. Depuis le début de cette affaire certains de nos amis pense que j'ai la peste. Aucun appel pour me soutenir et ceux que j'ai pu appeler ont des réunions ou sont en voyage et ne peuvent pas me parler.

- Je te connais depuis plusieurs années et je sais qui tu es ! Je serai toujours là pour toi.

-Merci pour ton soutien.

-Je t'en prie. Tu sais, les gens ont tendance à qu'on ne peut pas atteindre notre niveau social lorsqu'on est issu d'un milieu modeste mais nous deux savons que le travail est la seule puissance qui permet de changer radicalement de niveau de vie et non pas forcement des magouilles.

-Je te suis reconnaissant pour ton amitié. Venons –en au faits ; Si j'ai fait appel à toi ce matin, c'est pour que tu m'aides à découvrir lequel de mes employés est le traitre qui parle à la presse et qui travaille avec la brigade chargée de l'enquête menée dans l'entreprise.

- Explique- moi s'il te plaît.

-Ma fille et moi avons engagé un détective pour suivre mes employés et son travail a sorti du lot quatre d'entre –eux qui se révèlent avoir des comportements bizarres. Je voudrais les interroger en votre présence pour que tu m'éclaires.

-Si je comprends bien, je devrai observer leurs comportements pour savoir qui est vraiment suspect !

- Tout à fait. Je vais les faire passer ici un à un et leur poser des questions. C'est sûre qu'ils vont tous nier leurs implication dans cette

affaire mais puise que tu es un professionnel dans le domaine, tu sauras lequel d'entre eux a des cadavres dans son armoire.
-D'accord mais j'ai un rendez-vous très important cette matinée. Pouvons –nous le faire demain vers 9heures ?
-Je sais que tu as un emploi de temps très chargé mais c'est très urgent pour moi. Si tu pouvais dégager un petit temps cet après –midi, j'en serais ravi.
-Bien ; je vais tout essayer pour dégager mon après-midi. Je te rappelle dans deux heurs pour te confirmer ma présence.
- Merci bien. J'attendrai alors ton appel.
Son ami prit ensuite congé de lui .Mr Albert appela sa fille pour lui dire comment se déroulaient les choses. Lynda encouragea son père à insister car la découverte due l'identité de l'espion pourrait arranger la situation.
-Ne t'inquiète pas, papa, Jonathan a promis de tout mettre en œuvre pour que tu sois blanchit.
- D'accord ma chérie, j'ai confiance.
Quelques minutes plus tard, Alex appela pour confirmer sa présence dans l'après-midi. Pendant ce temps, tout se déroulait au bureau comme si de rien n'était. Maria est plusieurs fois passée au bureau faire signer des documents mais son patron n'a posé aucune question ni eu aucun geste qui ait pu mettre la puce à l'oreille de cette dernière pour qu'elle prépare des réponses toutes faites en cas de besoin. C'est avec une très grande surprise que Maria s'est retrouvée dans le bureau de son patron vers 15heures 20 minutes sur le banc des accusés à essayer de se justifier. En effet, lorsque le Dr Alex est arrivé, il était déjà attendu par son ami ; alors Maria l'a immédiatement conduit au patron. Mr Albert a demandé donc qu'elle appelle le vigile pour qu'il arrive plus tôt. Joe et sa compagne étaient déjà dans les locaux de l'entreprise .Elle leur a demandé de venir attendre au secrétariat sur ordre du patron.
Elle était la première à être cuisinée.
-Assieds- toi Maria.

-Moi Mr ? demanda-t-elle avec surprise. Elle se demanda intérieurement ce qu'elle pouvait faire dans ce bureau alors que Mr pendant qu'il avait un visiteur si important. Elle na pas tardé à comprendre pourquoi.

-Bien sûr prends place.

Elle s'est timidement installée sur un siège au milieu du bureau.

- Ne t'inquiète surtout pas Maria, si tu es ici c'st parce que j'ai quelques questions à te poser au sujet du scandale qui a été déclenché par l'information publiée dans la presse la semaine dernière et qui a été livrée par un agent employé de notre bureau. Tu sais que j'ai confiance en toi mais mon détective privé nous a mis sur certaine piste que nous ne pouvons négliger. Nous avons reçu des informations sur toi qui me font douter de ta sincérité. J'aimerais que tu me dises si tu as quelque chose à voir avec cet acte. Quoi que tu dises, que ce soit vrai ou faux mon cher ami ici présent saura par sa grande expérience le déterminer.

Elle était visiblement troublée et avait perdu ses moyens .Elle rassembla ses toutes ses forces pour placer quelques mots.

-Je n'en sais rien Mr. Vous doutez de moi ?

-Non Maria nous ne pouvons négliger aucune piste. Parle nous sincèrement car cela déterminera si je peux te faire confiance dans le futur non .Maria est devenue entièrement troublée lorsque le Dr a juste prononcé ces mots :

- Pourquoi êtes-vous si anxieuse ? Soyez juste détendue en répondant aux questions. Vous n'êtes pas une étrangère ici voyons ! Si je comprends bien, vous êtes secrétaire ici depuis plusieurs années ;

-Oui, depuis 15 ans.

- Alors parlez à votre chef sans crainte. Qu'avez-vous à nous dire ?

On dirait que le Dr avait déjà compris qu'il y avait anguille sous roche. Il insista ;

-Parlez s'il vous plait. Vous n'avez rien à craindre, au contraire il vaut mieux le dire au lieu de vous laisser confondre.

Maria s'est mise à sangloter avant de se mettre à narrer ce qu'elle savait.

- Mr, je vous prie de me pardonner ; je ne pensais pas à mal croyez moi. J'ai juste parlé de cette visite à une amie sans arrière pensée. Encore des sanglots

- Continuez nous vous écoutons. Et n'oubliez surtout aucun détail aucun détail.

- Elle a appelé une autre amie à elle qui est journaliste pour lui vende l'information. Elles m'ont appelé pour que je confirme l'information

-Et vous l'avez fait !

-Oui Monsieur répondit-elle sur un ton de supplication. Je ne voulais pas vous porter préjudice, croyez-moi.

-Elles vous ont payé pour ça n'est – ce pas ?

-Je n'ai pas voulu mais elles ont insisté. J'ai compris ma faute lorsque l'information a été publiée et que l'opinion publique a commencé à vous lapider. Je vous jure qu'en en parlant à mon amie, je me moquais de la police puisqu'elle n'a rien à faire c'est pour cela qu'elle peut douter d'un innocent comme vous. La tournure que cette affaire a prise m'a rendue malade. Je suis soulagée de vous avouer cette erreur qui m'a pesé sur le cœur ces derniers jours. Je vous en supplie Monsieur, pardonnez-moi.

-Laissez-nous un instant. Attendez dehors. Lui ordonna son patron

Elle laissa les deux hommes dans le bureau. Albert exprima sa déception mais

- J'aurais pu tout imaginer mais pas ça ! Maria est la seule en qui j'ai toute ma confiance. Tous les dossiers sensibles passent par ses mains !

-Mon cher ami, je pense que tu peux toujours lui faire confiance car je crois qu'elle dit la vérité. Elle a tout avoué sans qu'on insiste longtemps et n'oublie pas que nous sommes sur deux pistes ; trouver l'agent infiltré et l'informateur de la presse. A voir son comportement, cette dame n'a pas le charisme qu'il faut à un agent infiltré. Je propose qu'on mette de côté cette affaire de journal et qu'on se concentre sur la recherche de l'agent.

-Tu as tout à fait raison. Mais que me conseilles-tu pour Maria ? Dois-je la congédier ?

-Je te remercie pour ta confiance mais je suis convaincu que la décision te revient. A mon avis, ce n'est pas le moment d'embaucher car il sera difficile de connaitre l'intention des nouveaux postulants. Selon ce que j'ai pu déduire de son récit, tu peux lui faire confiance tout en la recadrant.

- Je pense que tu as raison. J'ai eu ma dose de surprise pour aujourd'hui. Je pense que je vais mettre les pendules à l'heure avec Maria tout de suite. Demain matin nous pourrons questionner les autres pour découvrir l'espion.

-C'est tout à fait raisonnable. Mais demain j'ai une conférence de prévue toute la journée. Pouvons-nous remettre ça à après demain ?

-Bien sûr. Je vais mener ma petite enquête en attendant.

-Nous sommes d'accord. Je vais donc te fausser compagnie. N'hésite surtout pas à m'appeler en cas de besoin.

-Merci cher ami.

-Surtout, essaye de te reposer car je te sens tendu. Il te faut des forces pour affronter la suite des événements.

- Je promets de suivre ton conseil. Merci une fois de plus pour ton amitié.

Les deux hommes se sont séparés et le boss a demandé à Maria de libérer les autres qui attendaient dehors avant de revenir seule dans son bureau. Elle s'est exécutée. Sa mine reflétait parfaitement son état d'esprit. Son inquiétude était palpable et c'est sur qu'elle se croyait dores et déjà licenciée. Elle a donc pris un grand souffle avant d'entrer.

-Mr ils sont partis dit-elle en baissant sa tête de coupable.

-Prends place.

Elle s'exécuta toujours la tête baissée. C'est le boss qui a pris la parole ensuite avec un regard si lourd que Maria n'en souffrait que plus.

- Tu sais déjà que je suis très déçu par toi ! C'est on avenir dans cette entreprise qui me fait douter. Pour quelle raison devrais-je te garder ?

-D'abord Mr je voudrais vous présenter mes excuses et vous dire que je comprendrai votre décision si vous décidez de me renvoyer. Je tiens à vous assurer que bien que mon acte vous ait été préjudiciable, je n'avais aucune intention des vous porter atteinte.

-Maria , vous m'avez déçue pour votre manque de discrétion ! Vous êtes une secrétaire et vous êtes sensée garder des informations sensibles .Comment avez –vous pu évoquer ce genre de sujet avec une amie. Dois-je comprendre par là que tous les dossiers dont nous traitons depuis tant d'années ne sont pas sécurisés ?

-Je vous prie Mr de croire en moi. Jamais je n'ai divulgué de secret professionnel. Je voulais juste faire la conversation avec mon amie en amenant ce sujet sans penser que cela pourrait avoir la moindre répercussion. Je ne vous demanderai pas de me pardonner car je suis impardonnable. Je voudrais seulement vous demander de me croire s'il vous plaît.

-C'est bon j'ai compris. Demain matin, je te ferai part de ma décision.

Maria a donc quitté le bureau toujours aussi triste.

Mr Albert n'a pas tardé à appeler sa fille pour lui dire ce qui venait de se passer. Cette dernière avait déjà un avis bien tranché. Elle voulait juste que son père vire cette traitresse de Maria. Mais son père a réussi à lui faire comprendre que ce n'était pas la meilleure façon de procéder. C'est confiant pour la suite des événements que Mr Albert est rentré chez lui cette soirée et pour un e fois depuis le début de cette affaire ,il s'est accordé une nuit paisible. Cette paix n'aura pas duré longtemps car le lendemain, la matinée a été la pire de toutes.

Le procureur de la république a donc ordonné une mise en garde à vue contre cet homme qui, il y a encore quelques jours était l'inspiration d'entrepreneurs de toutes les générations. Les policiers se sont présentés à son bureau cette fois –ci avec un mandat d'arrêt.

Ils ont prononcé la redoutable formule « vous êtes en état d'arrestation …… », puis l'ont emmené.

Tout le service était en ébullition. Ça courrait de partout. Le boss a gardé son calme pour les suivre sans opposer aucune résistance . Il a juste pris le temps de dire à Maria d'appeler son avocat et sa fille.

LA CHUTE

Les preuves étaient accablantes. L'analyse des comptes a prouvé des entrées considérables de fonds injustifiées depuis des années. Cette irrégularité a commencé à apparaitre juste quelques années après la reprise de l'entreprise par Albert. La société était au plus mal quand son père était décédé. En fait le père d'Albert était un homme buté. Après ses études, Albert est venu aider son père à gérer l'entreprise. Mais en digne patriarche, le vieux n'écoutait aucune proposition innovante venant de son fils qui ne visait qu'à innover et faire développer la société. Cet homme disait « nous avons toujours fonctionné comme ça et j'ai bien gagné ma vie jusqu'ici ». Il était totalement hermétique à l'évolution ou plutôt au changement. Ce n'est qu'après son décès qu'Albert a pu mettre tout en œuvre pour sauver cette société au bord de la faillite. Le vieux en effet était un vrai. Sa passion pour la luxure lui a valu la chute de son entreprise au fond, fructueuse. Pour ses vices connus, personne n'a été surpris de l'évolution fulgurante de la société après son départ. Albert a mis deux années à redonner ses lettres de noblesse à l'entreprise crée par son grand père et qui a connu de beaux jours et de plus sombres avec son père. Le parcours académique d'Albert a été impeccable. Son objectif était de revenir le plus tôt possible aider son père à remettre l'entreprise sur les railles ; mais il lui a fallu une bonne vingtaine d'années en tant qu'employé pour pouvoir tenir les rennes de l'entreprise comme il fallait. Sa réussite n'a étonné personne car tout le monde connaissait les capacités intellectuelles de ce jeune homme. A présent, toutes ces années de travail et cette réussite fulgurante sont remises en cause par des preuves sérieuses fournies par un expert comptable agent de la brigade infiltré dans le but de mener cette enquête. A l'origine de cette enquête, un renseignement donné par un ex employé mécontent. Il avait un récit convainquant mais n'avait aucune preuve pour appuyer ses dires.

Les preuves étaient désormais réunies et Albert niait blanchir de l'argent. Il affirme que les entrées d'argent en question sont les investissements reçu de ses partenaires qui veulent rester anonymes.

-Si c'est vrai qu'il s'agit d'investissements, pourquoi ne voit- on pas les traces de ces fonds dans vos livres de compte ? Et les partenaires dont vous parlez doivent être cités ! Il s'agit d'une enquête criminelle !

- Je mesure l'ampleur que prend cette affaire mais je n'ai rien à dire. A ce stade, je ne parlerai qu'en présence de mon avocat.

Maria est arrivée à joindre la fille de son chef pour lui faire part des événements. Les événements se sont enchaînés en ce moment là ; Il s'est avéré que Mr Albert avait un chef et les fonds en question viennent de lui. C'est le plus puissant homme du réseau qui fait l'objet d'une sérieuse enquête depuis des années. La drogue a détruit la jeunesse et est même entrée dans des écoles. La drogue a arraché l'avenir de plusieurs enfants promis à un avenir radieux. Les adolescents se sont laissé entrainer dans le cercle infernal de la dépendance à cette substance destructrice et mortelle. Les parents impuissants ont vu leurs tendres enfants se transformer en délinquants malades mentaux et d'autres n'ont pas eu droit à une deuxième chance dans la vie emportés par des overdoses. A l'origine de ces destins brisés, des personnes cupides immorales et insensées. Parfois les adolescents se laissent tomber dans ce vice en ayant pour objectif de ressembler à ces personnages publics en comptant y arriver grâce aux factices vertus de ces drogues qui rendent plus intelligent. C'est le comble quand les enfants sont la source de revenu de ceux là même dont ils veulent ressembler. C'est horrible de penser que de grands hommes comme Mr Albert modèles de plusieurs jeunes, se retrouvent littéralement et activement mêlé à des affaires de drogue.

L'affaire prend son sens quand les enquêteurs découvrent que la fille d'Albert une fois sur place ne faisait peut passer des coups de fils en se cachant. Elle a été suivie à plusieurs reprises mais sans résultats concluants jusqu'au jour où elle a été aperçue discutant à un homme en cachette et qui avait l'air déguisé et leur discussion n'avait pas l'air amicale. Cela a fait renforcer la surveillance de la jeune dame. Les agents ont alors commencé à fouiller dans la vie de cette dernière et il s'est avéré qu'elle est vraiment mariée à homme d'affaire très aisé et son train de vie le démontrait d'ailleurs. La jeune femme vivait entièrement une vie luxueuse. Elle fait partie du gratin de sa région et organisait plusieurs actions caritatives. Elle n'avait aucune activité professionnelle et son époux très généreux finançait tous les caprices. Elle parrainait et f finançait plusieurs événements académiques et artistiques. Contrairement à elle qui est carrément un personnage public, son mari qui est un homme d'affaire à succès selon ses dires, est très discret et très peu connu physiquement. Il est presque toujours en déplacement

Les recherches autours de cette jeune femme révèlent que ce personnage mystérieux qui est son époux pourrait cacher des choses en étant si riche et à la fois discret. La police à donc engagé des recherches pour en savoir plus sur le gendre de Mr Albert. Cette démarche n'a pas été vaine car plus les renseignements s'accumulaient plus il devenait intriguant. La dernière découverte est que cet homme est dans la même ville que son beau –père. Cette information a galvanisé les policiers ; Ils ont renforcé la surveillance de Lynda.

Les résultats ne se sont pas fait attendre. Les agents ont découvert que l'homme que Lynda rencontrait si souvent et en cachette était en réalité son mari. Ce dernier à été suivi à son tour et il s'est révélé être le chauffeur bien aimé du boss.

Joe a été convoqué quelques jours après l'arrestation de Mr Albert. Il a été interrogé au sujet de ses liens avec Albert. Les agents sont allés au service pour lui demander de les suivre. Cela s'est fait de manière courtoise. Il les a suivis sans opposer aucune résistance et il avait également l'air surpris et aussi détaché. Tous les ragots qui circulaient au bureau autours de cette affaire disaient qu'il était normal que ce chauffeur protégé du patron soit convoqué pour témoigner car ce dernier était tout le temps avec son patron et c'est impossible qu'il y ait eu des affaires suspectes et qu'il ne soit au courant de rien. Sa tendre Elena de loin l'a vue partir avec les agents et elle s'est empressée de les rejoindre. Elle posa la question de savoir ce qui se passait.

-Bon sang que se passe t-il ici ? Demanda t- elle inquiète et agitée comme pour défendre son homme.

- Calme -toi chérie ! Il n'y a rien de grave. Ils veulent juste que je les suive pour répondre à quelques questions ; C'est tout !

-Madame, nous voulons qu'il nous accompagne pour faire une déposition au sujet du cas de votre patron.

- Qu'a t-il à voir dans cette affaire. C'est juste un chauffeur !

-Nous en parlerons au poste.

-Je viens avec vous alors.

- Chérie pas besoin de venir. Tu stresse pour rien !

-Je viens quand-même insista t- elle. Elle couru chercher son sac et partie avec eux.

Une fois au poste les agents sont entrés au bureau du commandant avec Joe tandis qu' Elena attendait à l'accueil. L'attente lui a paru interminable. Dans le bureau pendant ce temps, Joe devait répondre à des questions auxquelles il ne s'attendait pas du tout. Il a commencé en premier à poser une question.

-Pourquoi suis-je ici ?

-Vous savez bien que votre patron fait l'objet d'une enquête et qu'en ce moment même il est à la disposition de la justice.

-Bien sûr mais je ça ne répond toujours pas à ma question ! En quoi suis-je concernée par cette affaire ?

-Qu'est ce qui vous lie à votre patron ?

-Dites nous tout.

-Il n'y a rien d'autre à vous dire vous savez tout c'est vous la police si je ne me trompe.

-Comme vous voulez, allons droit au but. Quelle est votre lien avec la fille de Mr Albert c'est à dire Lynda ?

-C'est évidemment la fille de mon patron et par ricochet ma patronne.

- Mr Joe, épargnez– nous votre sarcasme. Nous savons que Lynda est votre épouse et ainsi Mr Albert est votre beau-père.

- De quoi parlez – vous ?

- Ne me mettez pas hors de moi. Vous et moi savons que vous êtes bigame et cela peut vous coûter votre liberté et une amende très élevée. Alors au lieu de vous moquer de nous dites nous tout.

Un silence s'est alors installé dans la salle. Joe ne savait plus où se mettre .Il a donc décidé de dire tout ce qu'il savait. La tête baissée et honteux, il a commencé son récit avec son assurance envolée.

-Je vais parler mais en revanche, que ma femme n'en sache rien. Elle me quitterait sans hésiter.

-Nous ne sommes pas ici pour vous aider à régler votre situation conjugale mais pour prendre votre déposition dans une affaire criminelle. Alors éviter de nous perdre du temps et allez droit au but

-S'il vous plait comprenez moi. C'est vrai que j'ai vendu mon âme au diable par intérêt.

-Que voulez – vous dire par là ? Vous savez, on n'a pas tout la journée !

- Oui Mr en effet je suis payé pour garder des secrets. Vu la loyauté dont j'ai fait preuve avec mon ancien patron, Mr Albert n'a pas hésité à me mettre dans la confidence et à me laisser le suivre dans toutes ses opérations et activités et à ss rendez- vous au cours de nos voyages. Je sais que souvent au cours de nos voyages, il rencontre des personnes suspectes dans des endroits isolés mais ce n'est pas mon affaire. Je suis payé pour lui tenir compagnie. Juste comme un valet ! En plu je ne participe à aucune conversation.

- Vous n'avez toujours pas répondu à ma question. Quel est votre lien avec sa fille ?

- Officiellement, je suis son époux mais en réalité, je ne connais pas son mari. Je joue le jeu pour protéger l'identité de ce dernier. Cette fille est arrogante et je n'ai jamais discuté avec elle. Je reçois juste des ordres et des remontrances.

Vous voulez dire que vous n'êtes pas son vrai époux mais juste quelqu'un qu'on a engagé juste pour jouer ce jeu ?

-Oui Mr. S'il vous plaît, j'aime ma femme. Ne lui dites rien de cela car elle m'en voudrait énormément.

- Elle doit savoir qu'elle n'est pas votre épouse Sachez dès à présent que votre mariage avec Elena est nul. Vous êtes dès à présent à la disposition de la police et vous ne devez effectuer aucun déplacement hors du pays avant la clôture de cette affaire au risque de vous retrouver en prison. Nous ferons appel à vous pour la suite. Vous pouvez disposer pour le moment à moins que vous n'ayez autre chose à ajouter.

- Merci Mr Je ferai comme vous avez dit.

Il est sorti du bureau soulagé mais avec une mine défaite. Il a dit à Elena de renter à la maison. Il a vraiment tenu sa promesse. Dès leur retour à leur domicile, il a demandé à discuter avec son épouse pour tout lui expliquer.

-Mon amour, si j'ai demandé à te parler aujourd'hui, c'est pour te faire un aveu.

-S'il te plaît vas droit au but. Tu m'inquiètes.

- J'imagine que tu te poses des questions et que tu aimerais savoir pourquoi j'ai été convoqué et ce qui s'est passé avec les agents ! Avant tout, j'aimerais que tu sois sure que je t'aime du plus profond de mon cœur et que tu es la personne la plus importante de ma vie.

- Je n'en ai jamais douté Joe. Dis –moi tout. Tu me fais peur là !

- Les policiers voulaient savoir si je sais des choses en rapport avec l'accusation qui pèse sur notre patron. En vérité, je ne sais pas grand-chose mais je te cache quelque chose depuis tout ce temps et qui me pèse vraiment sur la conscience aujourd'hui.

Il a pris une pause avec un grand soupire comme pour mettre de l'ordre dans ses pensées et trouver du courage pour aller au bout de ses aveux. Elena l'écoutait silencieuse et à la fois craintive. Elle avait peur d'entendre une vérité trop dure à supporter. Elle qui était toujours de bonne humeur, a adopté un silence et un sérieux inhabituels qui mettaient encore plus la pression à son homme. Malgré cela Joe continua son récit.

- La police a découvert que j'avais un arrangement illégal avec Mr.

- Que veux-tu dire par là ?

- En effet, ce n'est pas par hasard que Mr Albert est si généreux envers nous. Notre accord était d'épouser sa fille et de l'accompagner à ses rendez-vous officieux sans dire un mot et en contrepartie je bénéficierais de tous les avantages que tu connais déjà.

En sanglot Elena lui demanda

- Si tu es le gendre du patron qui suis-je pour toi alors ? Comment peux –tu oser me demander de croire en to amour ?

- Laisse-moi terminer sans m'interrompre s'il te plaît.

Elle hocha juste la tête pour acquiesce. Joe continua donc son récit douloureux.

- Je ne suis pas un vrai époux pour elle mais juste une couverture. Son vrai mari c'est-à-dire le père de ses enfants vit dans l'ombre et je n le connaît même pas. Je suis juste payé pour jouer un rôle comme un acteur. Je pense que cet homme est un hors la loi.

- Dis moi que c'est une blague et je te croire. Je refuse de croire que tu m'as caché cela depuis tout ce temps. Dis- moi que c'est faux !

Joe avait la tête baissée car il redout   ait le regard déçu et accusateur de sa femme.

-Et moi qui croyais avoir le meilleur homme de la terre pour époux! Que me caches- tu d'autre chère boîte à pandore ? Que me caches- tu d'autre ? Moi qui croyais être entrainée ! Je suis choquée par ta froideur et ton hypocrisie. Comment pouvais- tu te réveiller à mes côtés tous les jours et prétendre que tu m'aimais alors que je ne sais rien de ta vie ? Tu viens de briser quelque chose en moi dont tu n'as pas idée !

Elle se leva et s'en alla toute effondrée et remontée. Joe était soulagé d'avoir pu tout dire mais effrayé pour la décision qu'elle prendra suite à cette révélation.

Lorsque Joe était en train de se faire interroger, Lynda aussi attendait stressée. Elle espérait que son faux mari ait assez de courage pour ne pas céder à la pression et avouer leur petit secret. Rien d'autre ne l'inquiétait et donc c'est avec surprise qu'elle s'est vue inviter dans le bureau du commandant juste après Joe. Elle était dans les locaux pour essayer de parler à son père si l'avocat parvenait à obtenir cette autorisation.

Dans le bureau du commandant, la peur la rongeait de l'intérieur mais elle a gardé son sang froid et son arrogance habituelle pour essayer de comprendre la situation.

- Bonjour madame prenez-place. Lui dit l'officier en lui indiquant un siège.

Elle s'installa sans mot dire mais avec un regard inquisiteur.

- Puis-je savoir pourquoi vous m'avez demandé ?

- Bien sûr Mme. Nous avons des raisons de penser que vous avez des choses à nous dire.

- De quoi parlez-vous s'il vous plaît ?

- Vous savez de quoi est accusé votre père j'imagine!

- Votre époux vient de partir d'ici et vous l'avez certainement croisé !

- Oui. Répondit-elle timidement et troublée.

- Bien. En effet, il nous a tout avoué. Nous connaissons votre petit secret.

- Vous allez m'emprisonner alors ?

- Non. Pourquoi irions –nous jusque là ? Vous avez le droit de vous marier à qui vous voulez ! Dit l'officier avec ironie.

- Alors pourquoi suis-je ici ?

- En effet ! Nous avons besoin de contacter le père de vos enfants.

- Mais vous l'avez vu ! dit- elle paraissant surprise de cette demande.

- Arrêtez votre baratin Madame. Nous savons que le chauffeur est juste une couverture. Nous voulons votre vrai conjoint !

- D'accord je vous tiendrai au courant dès que je le saurai moi-même. Il se déplace très souvent dans le cadre de son business. Il est difficile de le localiser. Je vous tiens au courant. Je peux partir maintenant ?

Elle se précipita dehors en colère. Elle alla s'installer au même endroit pour attendre l'avocat de son père.

Le couple Joe et Elena en froid, l'homme est sorti de la maison en disant à sa femme qu'il va prendre l'air. Pour toue réponse, Elena garda le silence.

Puis que les preuves d'un blanchiment d'argent étaient réunies et que les arguments de la défense ne tenaient pas la route le juge a ordonné que Mr Albert soit mis en prison le temps que la date de son procès soit déterminé.

La presse ne l'a pas lâché

Il pouvait toujours compter sur le soutien sans faille de sa fille qui ne faisait que clamer l'innocence de son cher père jusqu'au jour ou il a été mis en prison en attendant son procès. Elle s'est lancé dans une chasse aux sorcières qui n'a rien donné car toutes ses tentatives en engageant d'autres avocats de renom pour aider l'ancien sur le dossier afin d'obtenir la libération sous caution de son père en attendant le procès n'ont pas été concluants .Le juge a décidé de le garder en prison en attendant le procès car vu sa fortune , il pourrait compliquer la tâches des policiers en trouvant un moyen de s'échapper et il était hors de question de le laisser en liberté vu les preuves irréfutables présentés contre lui. Désormais la police s'est donné pour mission de trouver son partenaire d'affaire pour lequel il blanchissait cet argent sal.

Quelques jours après l'arrestation de l'homme d'affaire à succès ; la presse a publié une information qui allait tout changer. Toute une chronique a été consacrée à ce sujet et selon le journaliste, il paraît que l'homme d' affaire travaillait pour le compte de son gendre. La police n'ayant confié cette hypothèse à personne de douteux, le responsable de ce journal a été convoqué afin de s'expliquer sur cette information et sa source ; Claude Henry est le patron de la plus grande presse à scandale. Il était le premier à diffuser l'information de la visite des policiers dans l'entreprise de Mr Albert. Ce n'est qu'après que l'information a été relayée par les autres pour mener à un véritable phénomène de campagne anti Albert. Lorsque Claude est arrivé dans les locaux de la police, un agent l'a immédiatement conduit au bureau de leur chef. Ce monsieur de petite à la voix grave est connu pour être impitoyable quand il s'agit de publier des articles qui souvent sont très peu flatteurs quand il s'agit d'informations concernant une personnalité publique comme Albert. Pour cela il ne se gêne pas pour donner les informations peu flatteuses sans chercher de preuve pour confirmer avant de publier. Il est plusieurs fois passé à la police pour répondre de ses actes mais il s'n sort toujours bien car les informations qui publie se révèlent vraies au final. Il s'est souvent venté d'avoir le flaire de Sherlock. La brutalité de ses propos et commentaires aurait pu lui couter le succès de sa société mais au contraire la fiabilité de ses informations comble apparemment ses défauts car au fil du temps il a acquis une notoriété sans pareil.

Ce matin dans le bureau de l'inspecteur Patrice où il entrait précisément pour la deuxième fois en 3 ans, il se doutait bien que la raison de son invitation était rien d'autre que l'information qui figurait dans la parution du jour au sujet de la supposée implication du gendre de Mr Albert dans l'affaire qui l'a fait mettre en prison. Claude une fois entré entama la discussion. Il s'est installé dans le siège en face de l'agent qui la lui indiquait de la main en raccrochant son combiné mettant fin à sa une conversation téléphonique.

- Bonjour Mr l'officier

- Mr Claude soyez le bienvenu chez vous !

- Merci. Que puis-je pour vous cette fois ci ? Demanda t- il à l'officier avec une aisance insolente. L'officier le fixait d'un regard détendu et rempli d'assurance. Il savait que coute que coute il obtiendrait l'information recherchée.

- Pouvez –vous m dire d'où vous tenez l'information que vous avez publiée hier ?

- Soyez précis s'il vous plaît. Vous savez bien que ma revue publie plusieurs informations de source sure.

- vous savez très bien que je parle de l'information concernant l affaire de blanchiment d'argent. Vous avez désigné le gendre comme étant le mystérieux investisseur à la tête du réseau de trafic de drogue qui faut blanchir son argent. Epargnez –nous votre récurrent discours sur la protection de vos sources et dites tout ce que nous voulons savoir.

- Vous savez très bien que je ne peux pas divulguer l'identité de mes sources pour leur propre sécurité.

- Vous n'êtes pas mieux placé que nous lorsqu'il s'agit d'assurer la protection des gens. Pour une dernière fois je vous demande de dire tout ce que vous savez au risque pour vous de passer un séjour au frais pour diffamation et pour entrave à la justice car votre publication a un impact négatif sur le déroulement de l'enquête. Cette fois –ci il ne s'agit pas d'un sujet à prendre à la légère mais une affaire criminelle donc vous n'avez aucun choix que collaborer sans caprices.

- Promettez- moi de protéger l'identité de mon employée de d'assurer sa sécurité en cas de danger.

- Pensez aussi à votre propre sécurité car vous vous êtes gravement exposé en publiant une telle information au lieu de nous en informer aussitôt reçue.

Cette phrase à apparemment interpellé la conscience de ce journaliste à la grande gueule. Il réalise son erreur et le danger auquel il s'est exposé à force de vouloir publier des informations en exclusivité et sans état d'âme ni scrupule. Il finit par dire tout ce qu'il savait à ce sujet.

- En effet l'information vient de la secrétaire de Mr Albert. Elle l'a vendue à une de mes collaboratrices.

- Bien je vous écoute !

- C'est tout ce que je sais !

- Vraiment !!

- Oui je vous assure. Elle a dit qu'elle donnerait d'autres informations les jours avenirs si nous faisions une meilleure offre.
- Demandez à votre collaboratrice de nous rejoindre ou nos agents iront la chercher si vous préférez.

-Je l'appelle tout de suite.

Il appela la jeune dame depuis le bureau de l'officier pour le demander de le rejoindre. Cette dernière promit d'arriver dans une vingtaine de minute et elle tint parole. Après quelques minutes d'attente, un agent taqua à la porte de l'officier pour lui dire que celle qu'ils attendaient était arrivée. L'officier ordonna de la faire entrer. Dès qu'elle entra, le patron des lieux lui indiqua un siège.
- Prenez place Mademoiselle...
- Inès s'il vous plait ; compléta la jeune femme avant de s'installer. Elle était visiblement inquiète et avait hâte de savoir pour quelle raison elle était à cet instant dans ce bureau comme une criminelle. En quittant le bureau, elle croyait juste passer accompagner son patron pour un scoop mais l'ambiance dans la pièce lui a fait comprendre qu'elle n'a pas été invitée pour une partie de plaisir.
- Dites Mlle d'où vous tenez l'information relative à au blanchiment d'argent dont est accusée Mr Albert.
Elle lança un regard inquisiteur à son patron qui la rassura tout de suite.
- Vas-y parle s'il te plait. C'est pour notre sécurité. Elle était dès lors plus effrayée que jamais et commença à tout déballer.

- En effet c'est mon amie Maria que travaille pour cet homme d'affaire qui m'a donné toutes ces informations. Plutôt elle nous les a vendues. La première fois ou nous avons publié la visite suspecte de la police, c'est elle qui m'a donnée l'information lors d'une causerie amicale. Cette fois ci elle a exigée à être payée avant de donner cette information car la dernière fois elle a faillit perdre son emploi alors qu'elle n'a rien reçu de nous. Elle nous a dit en savoir beaucoup plus si nous faisions une meilleure offre. J'en ai parlé à mon chef ici présent qui m'avait encore rien décidé jusqu'ici.
- Etes vous sure d'avoir tout dit ?
- Oui monsieur. Je pense avoir dit tout ce que je savais.
- Vous pouvez pour le moment disposer. Mais n'oubliez pas de garder le silence sur cette affaire .Il s'agit d'une enquête criminelle et si vous persister à diffuser des informations qui ne relèvent pas de votre ressort, non seulement vous vous mettez en danger mais aussi vous risquez des démêlées avec la justice.
- C'est compris.
- Aussi abstenez-vous de contacter cette secrétaire Maria. Mes agents sen chargent déjà. Contentez-vous d'autres sujets mais pour cette affaire, attendez que l'enquête soit clôturée.

Les deux journalistes partirent dépouillée de leur assurance avec laquelle ils sont arrivés dans ce bureau. Pendant que les deux hommes attendaient l'arrivée de la journaliste, l'officier avait envoyé chercher la fameuse secrétaire indiscrète. Quelques minutes après le départ des journalistes elle arrivait dans les locaux de la police avec les agents qui ont été envoyés la chercher. Ils son allés directement au bureau de l'inspecteur Patrice.

- Prenez place dit –il à la dame âgée d'environ une cinquantaine d'années. Cette dernière s'exécuta machinalement. Elle était apparemment mal à l'aise qu'on voyait clairement que c'était du cinéma. C'était évident qu'elle cherchait à inspirer de la pitié mais son apparence ne faisait qu'inspirer tout le contraire avec son accoutrement de couguar habillée comme une jeune fille de 20 ans en contraste avec ses rides têtues malgré la tonne de fond de teint. L'officier la regardait faire son cirque avec une mine très détendue. Il avait l'air presque amusé même si le sujet qui les réunissait ne s'y prêtait aucunement. Après quelques instants les grimaces de la femme ont cessé et les interrogations ont commencé à fuser.

- J'espère que vous vous sentez mieux ! Nous allons être brefs. Vous devez y mettre du votre pour quitter cet endroit qui a l'air de vous stresser.

- Que puis-je pour vous s'il vous plait ?

- Vous avez vendu des informations au journal de monsieur Claude. Pas la peine d'essayer de nier car il a témoigné.

Elle baissa les yeux alors qu'au début du récit elle faisait une mine de surprise. L'officier voyant la dame abattue savait qu'il tenait déjà des informations précieuses.

- Alors dites nous tout. Comment avez eu les informations que nous avons lues dans la presse et dites moi quels renseignements vous mettez aux enchères.

- Monsieur je ne sais pas grand-chose.

- Ne testez pas ma patience et dites tout ce que je veux savoir. Dois-je vous dire la peine que vous encourez à dissimuler des informations capitales pour résoudre une affaire criminelle ?

- Non je vais tout dire. J'ai des enfants à charge et leur père a pris la poudre d'escampette avec une jeune fille quand il a gagné à la loterie. Que vont-ils devenir sans moi ?

- Vous auriez dû faire les bons choix pour ne pas vous retrouver dans cette posture. Vous pouvez arrêter de tourner autours du pot ?

- En effet depuis que mon patron est aux arrêts, sa fille vient de temps en temps à son bureau pour rassurer les employés et s'assurer que tout le monde est à son poste. J'ai remarqué qu'elle passait de longs appels à partir du téléphone fixe du bureau. Elle est tellement condescendante avec moi que j'ai voulu l'espionner. Jai commencé à écouter discrètement ses conversations les rares fois que j'ai pu. Il est évident que son mari est le patron parce qu'elle le menace de tout révéler s'il ne trouve pas le moyen de sortir son père de cette situation. Jai aussi entendu l'homme dire que ce n'est pas de sa faute si son père était si négligent. Le Monsieur n'est apparemment loin de cette ville et je pense qu'ils se sont vus dernièrement.

- C'est tout ? Je vous rappelle que votre sort dépendra de votre collaboration. Si vous gardez une information et que nous le découvrons, vous risquez votre liberté.

- Je sais. Je crois que c'est tout ce que j'ai entendu. Ah oui je me souviens le monsieur vivrait avec une autre femme qui rendrait jalouse la fille de mon patron.
- Si vous êtes sure d'avoir tout dit, vous pouvez partir. Mais j'espère avoir été assez clair ! Vous ne devez parler de cette affaire à personne d'autre que nous. Et puis une secrétaire est sensée être discrète ! D'où vous est venue l'idée de vendre des informations sur vos patrons.
- Mon amie a voulu me tirer les vers du nez mais je ne lui ai rien dit. Elle m'a conseillé d'aller parler à la police si j'avais des informations.
- comment cette amie a su que vous avez des informations ?
- Elle m'a surprise avec le combiné en train d'écouter la conversation de ma jeune patronne.
- Pourquoi vous n'êtes pas venue nous voir alors depuis le départ ?
- J'avais peur de me faire arrêter. Elle m'a donc donné l'idée de vendre l'information à la presse en étant vague pour le premier renseignement car avec cela je gagnerais beaucoup en faisant monter les enchères. J'en ai parlé à mon amie qui travaille avec monsieur Claude. Nous avons conclu la première affaire et l'information a été publiée le lendemain. Nous ne sommes pas encore vus pour la suite de notre marché
- Vous savez que cette rencontre n'aura plus lieu ! Désormais rendez-moi compte de toute information que vous aurez.
- C'est entendu.

Sur ces mots la dame est sortie du bureau de l'officier avec un soulagement total.

L'inspecteur a appelé son agent infiltré pour lui dire que le plan avait marché et qu'elle venait de sortir du bureau après avoir.

- Selon ce qu'elle a entendu, notre homme n'est pas si loin d'ici.

- on va ouvrir l'œil. George arrive je dois raccrocher. Je ne peux pas continuer à lui mentir !

- On ne va pas revenir sur le sujet ! Tu ne dois pas mettre en péril ta mission avec vos histoires de couples. Tu aurais dû réfléchir avant de te mettre en couple pendant une mission.

Elle raccrocha avant d'avoir entendu la fin de la phrase de son chef. En effet Helena était l'agent infiltré. Elle jouait les femmes de ménage et avait ainsi accès aux bureaux à des heures tardives ce qui lui laissait le temps de subtiliser des informations et documents compromettants. Son amitié avec Maria était d'une grande aide. Cette dernière est un moulin à parole. Face au refus de Maria de lui dire tout ce qu'elle avait entendu en écoutant la conversation de sa jeune patronne, Helena a essayé de la diriger vers la police sans succès. C'est alors qu'elle lui a conseillé de se diriger vers les journalistes car ces derniers protègent leurs sources et donc elle n'aurait rien à craindre et cerise sur le gâteau elle recevrait un paquet d'argent pour cette information. Ce n'est qu'après cela que maria est allée voir son amie qui travaille au journal. En fait en proposant ce processus à Maria, Elena pensait que maria l'impliquerait dans les négociations ce qui le permettrait d'intercepter les informations empêchant leur publication. Elle a été malheureusement évincée par la secrétaire mais elle avait bien fait de lui dire de ne donner au premier tour qu'une infime partie de l'information pour gagner plus d'argent.

Les jours qui ont suivi, la surveillance des mouvements de Lynda n'ont rein produit. De son côté Maria se prenait déjà pour colombo. Elle s'est donné pour mission de découvrir de nouvelles informations pour la police ainsi elle risquerait moins d'être inculpée pour entrave à l'enquête. Elle a commencé à enregistrer les conversations qu'elle surprenait. Pendant une semaine, elle n'est tombée que sur des appels infructueux. Soit elle parlait à leur avocat des avancées du dossier de père pour le traiter d'inutile. Elle a écouté également ses appels vers sa maison pour vérifier que tout va bien. Aussi a-elle appelé au moins deux de ses amies ennuyeuses pour leur donner des nouvelle et essayer de les convaincre que le scandale impliquant son père est une conspiration de ses concurrent pour ternir son image et porter atteinte à ses affaire très lucratives. Le reste du temps elle le passait hors du bureau ; Elle se savait suivie donc était prudente et n'essayait pas de se cacher pour quoi que ce soit. Elle était relax dans tous ses mouvements et ne faisait rien de suspect. Elle passait quelques heures dans le bureau tous les jours ensuite allait faire ses courses en cas de besoin et rentrait au domicile d son père. Sa surveillance n'a donné aucun résultat pendant des jours et des jours. On dirait qu'elle avait compris que Maria l'écoutait. Elle n'a plus jamais parlé à son mystérieux interlocuteur mais n'avait manifesté aucune attitude envers la secrétaire portant à croire qu'elle lui en veut pour quoi que ce soit. Au contraire elle était devenue plus détendue. De leur côté, les avocats travaillaient d'arrache pied pour la défense de Mr Albert. Pour le moment tout le monde attendait la date du procès avec impatience mais pour diverse raisons. La presse était aux aguets pour accéder aux premières loges et diffuser les informations en temps réel ; certains attendaient que l jugement confirme les accusations et sanctionne sévèrement Albert pour que cela serve d'exemple dissuasif pour les innombrables délinquants déguisés en hommes d'affaires qui brisent la vie de milliards de personnes à travers le monde en vendant ces substances dangereuses et mortelles ; d'autres par contre étaient convaincus de l'innocence de ce philanthrope et serait victimes de détracteurs et de calomnies et attendaient de célébrer sa libération . Les agents de la brigade désespéraient à cause de cette stagnation. Elena a donc décidé de faire son maximum pour devenir l'amie de Lynda car en cette période où la haute société s'est écartée d'eux doit lui être difficile à traverser donc tout soutient lui sera utile vue sa vulnérabilité. Cette idée a enchanté son chef qui lui a donné sa bénédiction. Il lui fallait maintenant convaincre son Georges de les mettre en contact.

- Je voudrais te parler. Dit –elle à son mari qu'elle boudait depuis plusieurs jours déjà.

- Bien sur chérie. Moi aussi j'attends cette discussion depuis des jours.

- Ne te méprends pas s'il te plait. Je ne veux pas revenir sur ta trahison.

- D'accord ! Répondit l'homme perplexe.

- Nous avons un désaccord c'est vrai ; Mais cela ne m'empêche pas de voir la douleur dans les yeux de Mlle Lynda. Au mon de ce que son père a fait pour nous, je voudrais pouvoir lui apporter mon soutien. Si je pouvais juste être son amie pour cette période difficile, je me sentirais un peu utile. Je veux tu nous mettes en contact vue que vous êtes proches.
- Tu es un ange. Tu as bon cœur chérie. Cette jeune femme est condescendante et arrogante et on ne sait jamais comment elle va réagir. Je vais essayer de lui parler demain si elle daigne m'accorder une minute. Je vais lui demander si elle peut nous recevoir parce que tu voudrais lui apporter ton soutien.
- Bien. C'était tout. J'ai du boulot. Elle voulait se lever pour partir en cuisine quand Georges l'a retenue par la main.
- Tu me manques.
- Laisse-moi le temps de digérer s'il te plait. Ne gâche donc pas tout maintenant.
Elle s'éloigna nonchalamment vers sa cuisine.
Il se leva déçu et dit à Elena qu'il allait faire un tour dehors.
Le lendemain déjà, il avait pu parlé à la patronne et avait obtenu un rendez-vous pour sa dulcinée avec la redoutée Lynda . Il était d'ailleurs surpris qu'elle accepte si facilement qu'Elena passe lui rendre visite. C'est à croire que cette affaire lui a donné une bonne leçon sur la vie. La Lynda d'avant n'aurait rien à faire avec une simple femme de ménage à part lui donner des instructions. Tout bien pensé, cette situation n'a rien de surprenant Lynda doit vraiment se sentir

seule. Les amitiés superficielles et intéressées ne résistent pas face aux épreuves de la vie. La riche et chic orgueilleuse et superficielle Lynda l'aura compris à ses dépens. Maintenant elle devait se contenter de l'amitié de petites gens car ses amitiés de haute société ont pris une pause.

C'est avec fierté que Georges annonça à sa femme qu'il avait réussi à lui obtenir un rendez-vous avec leur jeune patronne.

- Chérie, j'ai obtenu de Mlle Lynda, un rendez-vous pour toi demain soir.
- Ah bon ! Elle n'est finalement pas si redoutable que ça !
- Ne te méprends pas sur cette femme juste parce qu'elle à accepté te rencontrer. Je suis d'ailleurs surpris que la miss veuille t recevoir si facilement. Reste sur tes gardes avec elle. Son langage est gênant.
- Merci de me prévenir mais je suis une grande fille. Malgré ce qu'elle peut être, son père a été merveilleux avec nous et pour cela nous devons lui apporter notre soutient moral car c'est tout ce que nous avons à lui apporter.
- Tu es noble et je t'aime pour ce grand cœur que tu as. Et aussi pour tous tes atouts dit –il d'un air pervers avec un sourire espiègle.
La culpabilité que Elena éprouvait à cacher sa vraie identité à son homme et la compassion qu'elle éprouvait à la fois à le voir essayer de se faire pardonner pour sa cachotterie révélée par la police, ont conduit cette dernière à mettre fin à la guerre froide. Elle a répondu avec sourire
- Espèce de pervers ; tu ne penses qu'à ça !

- Un homme n'a-t-il pas le droit de louer les qualités d sa dulcinée ?
Les deux rirent aux éclats et leur vie commentait là reprendre son cours normal pour le meilleur.
Le lendemain comme d'habitude ils se rendirent au service La femme directement au bureau et l'homme au domicile du patron pour préparer la plus belle voiture et conduire la princesse où elle voudra.
La journée s'est déroulée normalement. Georges a conduit sa patronne au service pour une heure environ. Ils se sont rendus au bureau des avocats de son père et sont allés faire des courses Pour ensuite retourner au domicile. Pendant ce temps, Elena avait fini son service de la matinée et est retournée à la maison préparer le déjeuner et apprêter le dîner afin de se libérer pour son rendez-vous du soir avec Lynda. Elle a sorti une de ses plus belles robes. Mais pas la plus belle quand même. Elena est une belle femme avec des formes bien proportionnées. Elle le sait et pour cela elle a renoncé à porter une tenue qui la met trop en valeur au risque de faire de l'ombre à son hôtesse et mettre en péril sa mission d'infiltration amicale.
Lorsque Georges est rentré après son service, Elena était prête à partir. Son mari lui a confirmé qu'elle était présentable mais trop simple.
-Tu devrais lui montrer que malgré sa richesse ma femme est plus belle qu'elle. Elle me crie dessus tout le temps mais j'ai la plus belle femme du monde à mes cotés. Cela permettra qu'elle me donne du respect désormais.
- N'exagérons rien monsieur je ne suis quand même pas miss univers Mr le flatteur ! En effet, je sais que je peux mieux m'habiller mais je

ne veux pas non plus exagérer. C n'est pas un rendez-vous galant et je n'ai pas besoin de l'impressionner par ma présentation.

- Tu as tout à fait raison chérie. Mais tu es la plus belle Dit-il en déposant un léger baiser sur la bouche de sa tendre. Elle lui répondit avec un large sourire

- Merci. J'y vais.

- Bonne chance pour ta démarche. J'espère qu'elle sera de bonne humeur et ne te blaisera pas comme elle sait si bien le faire.

- Ne me porte pas la poisse s'il te plait mauvaise langue. Fit-elle avec ironie.

- Il n'est pas trop tard pour revenir sur ta décision, chérie

- Encore un mot et je ne réponds plus de moi Mr la trouille.

- Ok ok je me rends ! Passe un bon après midi. J'espère que vous deviendrez copines.

-Merci mon amour mais n'exagérons pas non plus.

Ils rirent et se séparèrent. Georges garda leur fils et sa femme se rendit à son rendez-vous.

Elle a été reçue par une domestique dans les règles de l'art. Sa patronne lui avait dit qu'elle attendait une invitée. Elena a été installée sur une petite terrasse intime et coquette entourée de fleurs exotiques magnifiques. Elle pouvait profiter de la vue de la grande piscine olympique qui maximisait le charme de cette maison luxueuse digne d'un homme d'affaires à succès. Dommage que le charme de cette demeure ne provienne que de la douleur de moult familles qui ont vu leurs enfants pères ou mères, décimées par la consommation de la merde que représente la drogue. Elena était emportée par ses réflexions sur l'aspect obscure de cette vue magnifique et féerique que s'offrait à elle lorsqu'un parfum idyllique embauma son environnement. Elle sursauta presque en entendant le bonjour tendre qui lui était adressé de si près. Elle se leva poliment pour dire bonjour à celle qui la recevait.

- Ne te gêne pas. Reste assise s'il te plait.

- Merci Mlle.

- J'ai été surprise que tu veuilles me visiter ! Récemment notre famille est évitée comme la peste.

- Ne vous en faites pas ! Votre père est un homme bien et il va se sortir de ces calomnies. Il a été si généreux avec nous et pour cela je lui serai toujours reconnaissante.

- Je sais de quoi tu parles mais tu sais aussi que ton mari nous a rendu un grand service à mon époux et à moi. C'est donc normal que mon père vous estime autant.

- Merci Mlle.

- Tu peux m'appeler Lynda.

- D'accord Mlle …Lynda.

Les deux femmes se sont souri mutuellement. On pouvait aisément croire assister à la naissance d'une nouvelle amitié. Mais la réalité était autre. Lynda était trop bizarre à cause de sa gentillesse qui émanait sur surréel. Elle semblait être dans un rôle. Tandis qu'Elena était à fond dans la peau de Sherlock Holmes.

Les deux femmes ont papoté, bu du vin et même dîné ensemble car Lynda, après quelques verres a avoué à Elena qu'elle se sentait vraiment seule et que manger avec elle lui donnerait l'impression de ne pas être seule au monde. Entre deux verres elle a avoué à Elena qu'elle ne la croyait pas si sympathique que ça. Les deux femmes se sont séparé après un dine copieux et bien arrosé. Elena est rentrée chez elle retrouver sa petite famille et est allée tout droit au lit épuisée par sa soirée. Le lendemain matin, elle n'avait pas service comme son mari. Lorsque ce dernier est parti ; Elena a appelé son chef de la police pour lui rendre compte de sa soirée et lui confirmer que son plan était bien enclenché.

Les rencontre des deux femmes ses sont enchainées .Elena passait presque toutes ses soirées avec sa nouvelle amie Lynda jusqu'à ce qu'un jour Georges se plaigne de cette relation. Lorsqu'il est rentré du service, sa femme était déjà prête à partir rejoindre son amie.

-Tu pars encore aujourd'hui ?

- Oui chérie. La pauvre Lynda est dévastée et j'ai du mal à la laisser seule se morfondre

- Qui l'aurait cru. ?

- Quoi ?

- Que tu pourrais être l'amie de Lynda.

- Tu trouves que je ne suis pas à sa hauteur ?

- Non mon amour .loin de là. Je disais juste qu'elle est si orgueilleuse qu'on ne croirait pas qu'elle soit amie à une femme de ménage.

- Bon la femme de ménage s'en va.

- Ne te vexe pas chérie. Je crains qu'elle te blesse un jour en te prenant de haut. Je sais ce que tu vaux et en vérité je suis un peu jaloux de ta relation avec cette mégère. Elle t'accapare et tu nous délaisse.

- Ne t'inquiète pas mon chou. Bientôt on fera de la lumière sur cette affaire et ce sera un mauvais souvenir. Puis elle lui déposa un bisou sur les lèvres avant de partir.

- Qu'est ce que tu en sais ? Ce genre d'affaire dure des mois et des années.

La jeune femme adressa un sourire tendre à son mari sans lui répondre ; On aurait dit à travers son regard, qu'elle trouvait son homme naïf, pitoyable et mignon à la fois. Elle parti sans trainer car cette soirée était cruciale elle a prévu repartir de chez Lynda avec des renseignements concrets. Elle a pris le temps de tisser une belle amitié avec sa gouvernante et a mis cette dernière dans la confidence après l'avoir mise en confiance. Cette démarche n'a pas été difficile parce qu'en tant que patronne, Lynda est invivable. Dans des conditions pareilles ce n'est pas la loyauté qui lie l'employé à son patron mais juste le dépit et l'intérêt. Elena a donc profité de cette faille pour soutirer des informations auprès de la domestique pour parvenir à ses fins. Elle sait désormais que le mari caché de Lynda vient souvent à la maison et que celle-ci est très en colère contre lui du fait des disputes bruyantes alimentant les rencontres des deux à la maison. Elena sait également que Lynda ne résiste pas au vin rouge. Lorsqu'elle commence à boire, elle ne s'arrête plus jusqu'à ce qu'elle ne commence à parler de tout et de rien pour finir par dormir. Le vin lui fait un effet de sérum de vérité quand elle dépasse trois verres d'affilée .Elena comptait donc ce soir lui sortir les vers du nez. Pour cela elle a dépensé une bonne partie de son salaire pour acheter deux bouteilles de vin en allant voir sa nouvelle amie pour voyer les soucis. Elle n'a pas hésité à faire un chantage affectif pour convaincre Lynda à prendre ce vin. Au cours de cette soirée, Elena à appris que le mari de Lynda vivait avec une autre femme ; Que Mr Albert n'est que l'homme de paille de son gendre et que Lynda savait qu'elle perdrait les deux hommes de sa vie dans cette affaire.

Pendant tout ce temps Maria a guetté en vain l'occasion de surprendre une discussion compromettante permettant de localiser cet époux sans honneur qui abandonne sa femme et son beau père livrés à un triste sort quand les choses se dégradent. Désormais Lynda lui lance des sourires moqueurs et il est évident qu'elle sait que Maria l'espionne. Elle utilise le téléphone du bureau très rarement pour le cadre strictement professionnelle et vu que le travail n'est pas sa tasse de thé, Lynda ne passe que quelques heures au bureau pour faire acte de présence et vérifier que chaque employé reste sérieux à son poste et assoir son autorité auprès des employés.

Elena avait désormais espoir de trouver toutes les informations nécessaires pour clore son enquête ; cela n'empêchait pas la jeune femme de s'inquiéter de la réaction de son cher et tendre lorsqu'il connaitrait la vérité sur son identité bien protégée jusqu'ici. Elle ne pouvait de toute façon rien faire de maladroit pendant cette période si délicate qui pourrait attirer l'attention d son homme et que celui-ci sous l'effet de la colère divulgue sa vraie identité. Il n'y avait aucune autre issue que l'attente.

La vie avait repris son cours, Elena visitait de temps en temps sa nouvelle copine Lynda. Son mari autre faisait toujours le chauffeur serviable pour cette mégère et ses enfants pour ensuite se plaindre du comportement hautin de cette femme. Il la trouvait tellement capricieuse et insupportable qu'il envisageait de trouver un emploi ailleurs vu que ses avantages étaient éteints avec l'absence de son généreux patron. Un matin, lorsque Georges se préparait pour son service, Elena a fait irruption dans la chambre en parlant au téléphone à quelqu'un. Elle raccrocha en disant d'accord j'y serai tout de suite Mr. A bientôt. Puis dit à son mari

- S'il te plait, peux tu m'accompagner voir l'inspecteur de police en charge de l'enquête sur l'affaire de monsieur ? Il vient de m'appeler pour que je passe confirmer une information.
- Tu vois, je t'avais dit que fréquenter cette femme ne pouvait que te créer des ennuis.
- Je ne crois qu'on veuille me reprocher quelque chose ! Ils seraient juste passés me passer des menottes ! Ça parait plus simple non ?
- Si tu le dis !
- Alors tu m'accompagnes ou pas ?

- Je vais être en retard ! Tu connais bien cette femme ! Si je ne me présente pas à l'heure, elle risque de se déchainer sur moi. Je refuse de prendre ce risque.
- Ça ne prendra qu'une minute ! Tu sais bien que j'ai une peur bleue de cet endroit ; Si nous arrivons et que ça traine je promets de te laisser partir. En plus c'est sur ton chemin.
- D'accord mais je ne vais pas trainer.
- Merci mon cœur. Fit-elle avec son plus beau sourire en signe de reconnaissance.
- Je ne peu rien te refuser ma belle. Fais vite alors. Moi je suis prêt à partir.
- Moi aussi je suis prête. Je prends juste mon sac et on y va. Nous laisserons Lucas à la crèche en partant.
- D'accord on y va alors

Ils se sont donc rendus au poste de police. Une fois dans l'enceinte, Elena s'éloigna soudainement de son mari en lui ordonnant :

- Mets-toi à genoux et garde les mains sur la tête. Tu es en état d'arrestation.
- Quoi ? Que t'arrive t-il ? Demanda l'homme choqué.
- Je répète mets-toi à genoux et mets tes mains sur la tête. Je suis l'agent XXXXXX

L'homme s'exécuta tout étonné.

- C'est une blague ma chérie ? Une camera cachée ?

- Vous pouvez garder le silence ou tout ce que vous direz pourra être retenu contre lors du jugement.
- Que se passe t-il ici ? Chérie, je n'ai pas assez de temps pour jouer. S'il te plait !

La frayeur était palpable sur le visage de l'homme lorsque sa femme lui a placé les menottes et quand deux agents sont venus le conduire dans une cellule. Elena avait le visage fermé et ne laissait paraitre aucune émotion. C'était une autre personne à cet instant. Un être que Georges n'avait jamais connu par le passé. Il l'a supplié en vain pour qu'elle lui explique ce qui se passait mais elle ne décrocha aucun mot.

Elle laissa ses collègues emmener l'homme en salle d'interrogatoire .Elle fila dans des toilettes où elle s'effondra en pleure quelques instants avant de se ressaisir. Elle nettoya son visage et rejoint ses collègues. Elle fera l'interrogatoire avec son supérieur hiérarchique.

Quand les deux officiers entrèrent dans la petite salle, le suspect demanda à nouveau à son épouse sur un ton suppliant ce qu'il faisait dans cette situation.

- Dis –moi s'il te plait ce que je fais ici. Je ne comprends pas pourquoi tu me traites comme un criminel !
- Tu peux te taire un instant et te limiter à répondre à nos questions ? N'essaye pas de nous divertir. Répondit le commandant tandis que Helena gardait un silence glacial avec un regard strict. Elle donnait l'impression de n'avoir

jamais rencontré son interlocuteur. Elle engagea les questions

- Pouvez-vous nous donner votre identité ?

L'homme semblait consterné e étonné. Après un sourire de dégout, il sorti sa carte d'identité et la donna à son épouse.

- Quelle est votre profession ? Continua la dame.

- Je suis chauffeur et tu le sais bien. Qu'est ce qui te prend ? Tu as des explications à me donner. Je n'en reviens pas que tu m'ais caché tout ce temps ton identité. Comment as-tu pu ?

- Tenez vous bien ou vous aurez d'autres charges contre vous si vous continuez à importuner l'officier. Contentez vous de répondre aux questions qui vous sont posées.

- connaissez-vous Mlle Lynda COSNING fille de MR Albert COSNING ? - Bien sûre que je la connais

- Quelle est la nature de votre relation ?

- Pffff c'est la fille de mon patron !

- Êtes-vous certain d vos affirmations?

- Si vous avez quelque chose contre moi, dites le et qu'on en finisse. Si vous voulez des informations sur mon patron et sa fille, je peux vous les fournir ! Je n'ai jamais refusé de coopérer ! Pourquoi cette fois-ci vous faites tout ce tas de mystère comme si j'étais un criminel ?

- A vous de nous le dire si vous êtes un criminel ! Intervint le commandant sur un ton sec. Vous savez Mr Gregory MALSAIN, nous savons tout de vous, vos activités et vos vraies relations avec les personnes cités. Je veux dire votre épouse légitime Lynda et son père Albert votre beau père.

- De quoi parlez-vous ? Demanda Georges en essayant d'être largué mais sans convaincre.

-Trop tard, n'essayez plus de jouer les innocents. Nous avons déjà les aveux de vos complices fatigués de porter le chapeau pour vous alors que vous organisez votre fuite vers Hawaï. Ne soyez pas étonné. Vous croyiez être plus malin que la police ! Mais voici des personnes comme Elena qui donnent jusqu'à leur vie pour dénoncer des personnes comme vous.

Elena dit ensuite comme pour l'achever.

-Une dernière information pour toi

Toi et moi n'avons pas d'enfant biologique. Je désirais un enfant et je me suis faite inséminée pour être crédible dans mon rôle d'épouse. Je ne pouvais pas me permettre de faire un enfant avec un homme pendant une mission aussi délicate. Aujourd'hui je ne regrette pas ma décision. Tu as presque réussi à me duper et j'ai failli t'avouer ma vraie identité. Mais ma raison a pris le dessus sur les sentiments que j'avais pour toi. J'ai bien fait d'écouter mon intuition en me taisant.

- Sale chienne je vais te le faire payer

- Je suis prête à te faire face quand tu le voudras. Tu as dû remarquer que je ne suis idiote comme tu l'as cru. Je n'a i pas peur de toi espèce de manipulateur. Voici la fin de ta cavale.
- je n'en ai pas fini avec toi. Affirma t-il avec un sourire menaçant auquel l'officier a répondu avec une expression de pitié.
- Tu ignores vraiment ce qui t'attend. C'est triste ! Tu aurais pu faire appel à un de tes avocats pour commencer. Tu vois à quel point ton jeu d'acteur a des failles ?

Le commandant laissa la jeune dame finir et demanda qu'on le dépose en cellule en attendant les instructions du procureur.

Lynda était également interpelée. Elle faisait plus de plaine à voir qu'autre chose

Elena alla lui parler.

- Comment vous sentez-vous ?
- Mal mais soulagée. Je suis soulagée.
- Je comprends. Ca doit être difficile pour toi mais le temps te guérira. Il faudra être forte pour tes enfants et affronter la tempête judiciaire et médiatique qui va suivre ; Il faut être forte pour tes enfants et ton père c'est le plus important ; Tu dois faire face au mode et assumer avec dignité à tes erreurs. Ni l'alcool ni les lamentations ne pourront t'aider à tout effacer.

- Merci dit Lynda d'une voix cassée en essayant d'avoir une étreinte d'Elena qui lui a juste laissé son épaule pour quelques secondes avant de se retirer vers ses collègues.

Tout le personnel, s'est mis à applaudir en la voyant avancer. Tous l'ont félicité pour ce travail remarquable qu'elle a effectué. Un lui a balancé

- Tu es bien tendre avec ta rivale !
- Elle a l'air d'être hautaine mais c'est plus une victime qu'autre chose. J'éprouve de la peine pour elle. Mais elle va s'en remettre.

La presse s'est lâchée. Cette affaire a fait les gros titres pendant les semaines qu'ont duré le procès et d'autres après. Un article consacré à cette affaire était libellé comme suit :

« L'homme d'affaire et philanthrope Albert est sous les verrous depuis un moment déjà. Il y a de cela quelques mois nous vous avions révélé que ce grand homme d'affaire était entre les mains de la justice pour être mêlé à un réseau de grand banditisme œuvrant dans le trafic de stupéfiants et de blanchiment d'argent. Il manquait des informations sur le chef du réseau pour clore le dossier ; Ce personnage qui n'hésitait pas à changer de vie pour échapper à la vigilance des enquêteurs a fini par se faire arrêter grave aux sacrifice et efforts des forces de police. Il s'agirait ni plus ni moins du son chauffeur de Mr Albert. Il est le chef du réseau de mafia dont est membre Mr Albert qui s charge essentiellement de blanchir de l'argent sale.

Les deux hommes auraient été présentés par Lynda la fille de Mr Albert lorsque l'entreprise reçue par ce dernier traversait une grave crise conduisant à sa ruine totale ; Son gendre s'est proposé de lui donner le financement dont il avait besoin pour relever sa société à condition qu'il puisse trouver les moyens de se justifier en cas de besoin. L'homme n'a pas hésité à accepter car pour lui c'était la providence qui lui permettait de faire ses preuves dans le monde des affaires. Il n'a pas mis longtemps à multiplier ses revenus. Avec le temps, il est devenu très lié à son bienfaiteur et gendre. Ce dernier lui faisait des demandes étranges comme la dernière étant de l'embaucher comme chauffeur en lui donnant une autre identité. Il s'est choisi une femme qui paraissait naïve et fleur bleue toujours en quête d'anonymat. Il va s'avérer qu'elle sera à l'origine de sa chute ;

Les voyages d'affaires de Mr Albert étaient souvent ordonnés par Gregory et c'est lui qui décidait de leur destination afin qu'il puisse retrouver sa famille et des amis pour profiter de son immense richesse. Il profitait de ces voyages pour vivre la vive voluptueuse des trafiquants avant de revenir se cacher dans son rôle de chauffeur et de mari aimant dans une vie modeste. Son épouse Mlle Lynda a sombré depuis des années dans la dépression et l'alcool.

Heureusement, une femme vaillante a su mêler charme dévouement et malice pour tirer cette affaire au claire.

Printed by Books on Demand GmbH, Norderstedt / Germany